YO ELIJO Calmar mi Enojo

ELIZABETH ESTRADA

Copyright 2023 por Elizabeth Estrada - Todos los derechos reservados.
Publicado e impreso en Estados Unidos.

Ninguna parte de esta publicación o de la información que contiene puede ser citada o reproducida en forma alguna mediante impresión, escaneado, fotocopia u otros medios sin permiso del titular de los derechos de autor.

Descargo de responsabilidad y condiciones de uso:
Se ha procurado que la información contenida en este libro sea exacta y completa. Sin embargo, el autor y el editor no garantizan la exactitud de la información, el texto y los gráficos contenidos en el libro debido a la naturaleza rápidamente cambiante de la ciencia, la investigación, los hechos conocidos y desconocidos e Internet.

El autor y la editorial no se hacen responsables por errores, omisiones o interpretaciones contrarias del contenido de este libro.

Este libro se presenta únicamente con fines motivacionales e informativos.

YO ELIJO
Calmar mi Enojo

DEDICADO A B.L.

ELIZABETH ESTRADA

Jackson estaba enfadado con su mamá y su papá,
Sus padres le dijeron: "No," y eso lo hizo enfadar.
Había pedido jugar con Aiden su mejor amigo,
Pero la regla es hacer las tareas después de la escuela, y no se van a ignorar.

Jackson suplicó, pero ninguna razón él podía encontrar
Que pudiera hacer cambiar de opinión a sus padres.
Caminaba hacia la escuela, con el ceño fruncido,
Pateó una lata y la mandó a lejanos lugares.

Abrió la puerta y algunos amigos le dijeron: "Hola."
Jackson los ignoró y siguió caminando muy despacio.
Tiró su mochila sobre su escritorio.
Parecía que este día iba a ser muy reacio.

Fue a su clase, se sentó al fondo del aula.
Jackson no podía concentrarse, estaba tan lleno de melancolía.
Un chico nuevo se sentó cerca de él y le dijo: "Hola, soy Ray."
Jackson le respondió que hoy no lo toleraría

En el recreo, su amigo Liam le preguntó: "¿Qué te pasa?"
"La vida no siempre es fácil, es importante reconocerlo."
Jackson le contó el enojo que sentía por dentro.
"Está bien estar enojado, no tienes que esconderlo."

"Aceptar el enojo es importante si queremos controlarlo.
Respira hondo tres veces y verás el resultado.
Después, cuenta hasta diez y le enseñarás la puerta al enojo.
Piensa en un lugar feliz y volverás a estar calmado."

Entonces Jackson agradeció a su amigo su ayuda.
Decidió ser más fuerte que el enojo.
Inhaló y exhaló profundamente, luego contó hasta diez,
Y pensó "Calmar mi enojo es lo que yo escojo."

Jackson se sentía más tranquilo ahora, su enojo se había calmado,
Caminó hasta el patio de recreo donde a veces se burlaban de él.
Esto era parte del problema que le hacía enfadarse,
Era molestado por un niño cuyo apodo era "jefe".

El niño grande se le acercó y le insultó,
Jackson podría haberle contestado, pero el enojo no lo dominaría.
Como no dijo nada, el matón hizo caso omiso.
"Jefe" se encogió de hombros y siguió adelante porque se aburría.

Jackson se sintió sorprendido de que este enfoque pudiera funcionar,
Había vencido a su enojo y ahora sabía qué hacer.
Entonces, cuando se enteró de que no había sido elegido para el equipo.
Le sudaron las manos, y su enojo creció al parecer.

Pero entonces se acordó de inhalar y exhalar.
Después de contar hasta diez, ya no quiso gritar.
Jackson sabía qué hacer cuando no se salía con la suya,
Podía mantener la calma. No importa que pudiera pasar.

Nunca supe que el enojo podía controlar,
Gracias a mi amigo, aprendí a superar.
Entendí que estar molesto es normal y real,
Pero elegir mi respuesta es mi ideal.

Estoy tranquilo.

Puedo respirar.

TRANQUILO

Cuando estoy atento, estoy consiente de mis sentimientos. Cuando estoy consiente, puedo aceptar y controlar mis emociones.

Puedo visualizar.

CINCO RESPIRACIONES ALTAS

Esta herramienta te ayuda a mantenerte tranquilo inhalando y exhalando lentamente.

Para adultos y niños...

1

Empezando por el borde exterior del pulgar, inhala y usa tu dedo indice para trazar hasta arriba. Cuando exhales, lentamente traza el otro lado hacia abajo.

2

Continúa inhalando y exhalando, tranzando hacia arriba y hacia abajo para un total de cinco respiraciones.

Continúa hacia arriba y hacia abajo hasta que alcances el otro lado de tu mano.

Inicia aquí, en el borde exterior de tu dedo pulgar.

Querido lector,

Gracias por leer mi libro. Espero que hayas disfrutado con "Elijo calmar mi enojo." He pasado quince años recopilando recursos e ideas para ayudar a los niños pequeños a enfrentarse a las grandes emociones.

Así que, por favor, dime lo que te ha gustado e incluso lo que no te ha gustado. ¿Qué tipo de emoción debería aparecer en mi próximo libro?

Me encanta recibir mensajes de mis lectores. Por favor, escríbeme a Elizabethestradainfo@gmail.com

También te agradecería mucho que hicieras una reseña de mi libro.

¡Tus comentarios me importan mucho!

Con mucho cariño,
Elizabeth

www.ingramcontent.com/pod-product-compliance
Lightning Source LLC
Chambersburg PA
CBHW041523070526
44585CB00002B/64